DU FEU SOUS LA NEIGE

Olivier Morel

DU FEU
SOUS LA NEIGE

Poèmes d'amour

Éditions LA BELLE HÉLÈNE

Couverture
L'amour des âmes, peinture de Jean Delville, 1900.

Maquette par Stéphanie Routhier
Infographie par Compo-Gym

© Deuxième trimestre 2002. Éditions **La Belle Hélène**
C.P. 484, Succursale Youville, Montréal (Qc), Canada, H2P 2W1

Dépôt légal :   Bibliothèque nationale du Québec
                  Bibliothèque nationale du Canada

Données de catalogage avant publication (Canada)

Morel, Olivier
    Du feu sous la neige : poèmes d'amour
    ISBN 2-9227-6601-2
    I. Titre.

PS8576.0635D83   2002   C841'.6   C2002-940797-4
PS9576.0635D83   2002
PQ3919.2.M67D83   2002

INTRODUCTION

Ce recueil s'inscrit dans une longue tradition de poésie amoureuse, comme si chaque époque devait redire à sa façon et dans ses propres mots l'éternel besoin, l'éternel désir d'aimer. Mais suffit-il de dire la même chose en d'autres termes ? Le discours amoureux doit ajouter quelque chose qui corresponde bien à notre monde et à notre sensibilité. Il doit répondre aussi à une nécessité profonde, à une urgence vitale, sinon à quoi bon ?

À travers le mélange de légèreté et de gravité qui imprègne le recueil, ce sentiment d'urgence pousse Olivier Morel à rechercher l'essentiel qui se trouve dans notre capacité d'amour, seule issue, laisse-t-il entendre, à la réalité délirante, à l'existence absurde que nous menons tous, comme des bêtes désespérées et hagardes, affamées de plaisirs pour oublier les questions que nous pose la vie à chaque tournant, à chaque décès, à chaque catastrophe, à chaque avion qui s'écrase contre un immeuble : que faites-vous de votre vie, de vous-mêmes ? Quelle est votre raison d'être, le but de votre existence terrestre ? Est-ce de servir d'engrais aux arbres du cimetière ? À quel festin avez-vous été conviés et que vous êtes en train de manquer ? Dans la faillite de plus en plus évidente de notre civilisation, l'amour serait donc, pour le poète, la dernière bouée de sauvetage, l'ultime passerelle de salut avant que le monde ne s'écroule derrière nous sous son propre poids.

Les cinquante-deux poèmes de ce recueil (pour les cinquante-deux semaines du cycle solaire ?) sont, toutefois, souvent marqués au coin de l'humour, voire de la dérision, quand ils ne se contentent pas d'être un simple clin d'œil complice à l'intention de l'être aimé. Et à la dimension simplement « humaine » de la plupart de ces poèmes s'ajoute ici une quête d'absolu. L'absolu de l'amour, certes, mais aussi l'absolu tout court, l'amour devenant un emblème de cette perfection, ou comme le vecteur de cette réalisation, le point de départ, le chemin et l'objectif tout ensemble. Mais cette quête, paradoxalement, ne se rattache-t-elle pas à ce qu'il y a de plus humain en nous, n'exalte-t-elle pas notre dimension humaine la plus profonde ? Aimer comme seuls peuvent aimer les vrais hommes (dans le sens générique du terme incluant le masculin et le féminin). Tenter de retrouver l'homme sous les décombres : tel semble être le véritable enjeu de ces textes. Mais c'est une quête héroïque, nous rappelle l'auteur dans son long prologue, car ne s'agit-il pas, comme le chantait Brel, « d'atteindre l'inaccessible étoile » ? Morel ne semble pas considérer cette suggestion d'une manière figurée ou métaphorique, mais *littérale*.

La femme aimée apparaît elle-même comme une incarnation sensible de l'Éternel Féminin et comme l'expression accessible et sensuelle du Paradis perdu. Car ces poèmes sont empreints d'une sensualité qui se répercute jusque dans le choix des mots et dans le rythme. C'est la volupté, douloureuse et délicieuse à la fois, du passant emporté dans le fleuve éternel de la vie, un passant écorché par les épines qu'enfonce la mort — et son implacable allié, le temps — dans la chair ivre de caresses.

Si l'amour n'est pas une réalité facile à atteindre, il n'en est pas moins réel. Il répond à l'intuition en chacun de nous d'un au-delà omniprésent et pourtant insaisissable. L'incapacité où nous sommes de réaliser l'amour doit-elle le condamner ? La soif éperdue d'amour total qui nous aiguillonne tous n'est-elle pas la preuve que cet amour existe, envers et contre notre inaptitude apparente ? Qui de nous n'a pas aspiré à la fusion intégrale et durable de deux êtres dans la plénitude amoureuse ? Est-ce impossible pour la seule raison que nous ne pouvons y arriver ? Ce qui est en cause ici, ce sont nos conditionnements, les limites que nous nous sommes imposées et qui se transmettent d'une génération à l'autre...

Parfois sombres et profonds comme de grandes vagues nocturnes, nous rappelant sans cesse les illusions de ce monde expulsé du jardin lumineux de l'amour, ces poèmes sont aussi, parfois, légers et doux, simples et ronds comme des gouttes de rosée dans la clarté du jour nouveau. La poésie est ici au service de l'amour et l'amour est lui-même assujetti à la quête ; lorsque le poète se débat avec ses propres démons (qui sont aussi les nôtres), il prend constamment appui sur l'amour. Et à travers la poésie, l'amour transmute la douleur en enchantement, comme si le poète projetait ses mots au ciel pour leur infuser une nouvelle énergie capable de transfigurer notre sombre destinée humaine.

*

Ce recueil réunit des textes rédigés entre 1989 et 1996, tous adressés à la compagne de l'auteur, la femme adorée — la « Béatrice » de tout homme. Ils précèdent et chevauchent en partie la rédaction des poèmes de *Gens de la nuit*, qui s'étend approximativement de 1994 à 1999.

Morel a fait précéder ses poésies d'un prologue substantiel qui situe admirablement les enjeux de l'œuvre et qui éclaire non seulement le recueil que l'on va parcourir, mais aussi la démarche poétique que nous avions appréciée dans *Gens de la nuit*.. Nous avons dans cet exposé tous les éléments et comme la quintessence d'un véritable traité poético-métaphysique sur l'amour, une sorte de manifeste où l'auteur oppose le désordre amoureux actuel, avec l'extrême confusion des sentiments qui le caractérise, au désir de rénovation de la condition humaine à travers la transcendance de l'amour.

Il est rare que la poésie s'élève à un tel niveau, comme si les auteurs redoutaient les hauteurs. L'objet ultime, avons-nous dit, est l'absolu, avec les désillusions et doutes inévitables sur cette voie. La route est jalonnée d'épreuves, certes, mais l'amour soutient le courage. Prototype de l'amour absolu, l'amour humain apparaît comme un idéal à atteindre plus qu'une réalité tangible, l'auteur en est bien conscient. Mais il ne le voit pas moins comme le germe de l'amour universel, quand la prison de l'égoïsme aura été abolie, de cette forme d'amour que l'on désigne parfois (sans bien comprendre de quoi il s'agit) sous le noble nom de *compassion*.

Olivier Morel fait fi des scrupules à la mode envers les « réponses » aux grandes questions de la vie ; il prétend assurément révolutionner le monde en proposant, à travers les nombreuses interrogations qui jalonnent le recueil (entre autres sur le problème central de l'identité), des éléments de solution au mal de vivre, au sentiment généralisé de vide, ou en suggérant au moins une direction.

Mais quand on veut révolutionner la vie, pourquoi choisir la poésie, dont l'audience est, il faut bien se l'avouer, plutôt restreinte ? Peut-être est-ce en vertu de ce principe *zen* bien connu selon lequel le battement d'ailes d'un papillon ici peu déclencher une tempête à l'autre bout du monde — en vertu de l'interrelation de toutes choses. Toutefois, la raison fondamentale est sans doute que ce qu'il a à dire ne peut être dit autrement.

L'Éditeur

PROLOGUE

LA VOLONTÉ D'AMOUR

Aimer est un très grand pays
mais comment l'habiter
Gilbert Langevin

La soif d'éternité / la douleur de l'usure et de la mort. Le pressentiment de l'infini / l'expérience quotidienne des limites. Des frontières, de la peur, des fausses identités, des cadenas, de la frustration, de la culpabilité, du rouleau compresseur de l'éducation, du compte en banque, du viol universel et froidement planifié des consciences. Et la sensation aiguë que le monde est un rêve sanglant, si belles que soient les étoiles quand on oublie un instant *la blessure dessous l'armure*, comme chante le poète.

Le sentiment cuisant de n'être pas de ce monde. Pas complètement. Un visiteur. Un étranger. Mal dans sa peau. Maladroit comme l'albatros de Baudelaire, comme *ce prince des nuées* aux trop longues ailes qui l'encombrent sur terre. Gauche comme dans un costume prêté. Ou des souliers trop étroits. Se réveiller le matin et se demander ce qu'on fait là. Mal à l'aise dans mon visage, dans ma chair. Je ne suis pas l'image du miroir. Un passant égaré. Entre ciel et terre. Sans pays. Et ce n'est pas un drapeau sur une motte d'argile cerclée de barbelés idéologiques qui me sauvera. Qui nous sauvera. Éperdu. Comme en exil. Pas très original, dis-tu. Tu as raison, mon ami, mais l'as-tu déjà ressenti dans tes fibres ? Dans les ténèbres cavernaires de ton âme ? Comme une brûlure qui ne guérit pas, dans l'arrière-fond. L'impression d'être déchu dans quelque basse fosse de l'univers. Tu l'as senti un jour, j'en suis sûr. Mais tu as oublié. Tu t'efforces chaque jour d'oublier. Trop lourd. Trop dur. Mal préparé. La vie comme un acte héroïque, le chantier démesuré de la vie, ce n'est pas pour toi, crois-tu.

Te regarder vivre. Vous regarder tous tomber, avec fascination. Vous semblez si bien adaptés, si parfaitement programmés. Presque heureux. Comment faites-vous ? À quel prix, le savez-vous ? Réussir aussi bien à se mentir, c'est prodigieux. Je lisais le sous-titre d'un livre : quelque chose comme « Être heureux au travail ». Quand on est rendu là, c'est à désespérer. Être heureux en tôle, tant qu'à y être. Ou dans un bidonville de Calcutta ou de Rio. Être heureux dans la caverne de Platon à contempler les ombres sur la paroi en se disant : voilà, que peut-on espérer de mieux dans la vie ? Puis crever satisfait. Comme Ivan Denissovitch au goulag (camp de concentration stalinien en Sibérie). Ivan s'endort le soir, après une journée de travaux forcés, mal nourri, mal vêtu, à bûcher à moins trente. Ivan s'endort, *pleinement satisfait* ; il se dit que *cette journée lui a apporté des tas de bonnes chances* : il a réussi à manger plus que son dû, il n'a pas été envoyé au cachot, on n'a pas découvert sa lame de scie pendant la fouille, il s'est fait du gain avec un copain, il s'est acheté du bon tabac, il a maçonné allègrement, sans avoir trop froid... *Une journée de passée. Sans seulement un nuage. Presque de bonheur*, conclut le narrateur. *Vrai, la vie est belle !*

L'habitude du malheur. La souffrance au quotidien. On l'oublie. Ne reste qu'à se persuader qu'on est heureux, et le tour est joué. En se le répétant souvent, en le proclamant très fort, on réussit à s'en convaincre. Parfois. Le bonheur devient l'absence d'une *grande* douleur. Triste ce bonheur, non ? L'existence confortable, climatisée, maquillée, repue. Ce bonheur, c'est le tien. Et le mien. Car nous nous ressemblons. Comme des frères siamois. Mais je pressens un autre bonheur, spacieux, plus vaste que la Voie lactée. C'est ce bonheur-là que je veux. Le parti-pris du bonheur dans le merdier est une auto-mystification pathétique.

La volonté d'extirper ces mensonges. De se dépouiller de *ces habits volés*, comme dit le poète — un autre. Mais la peur bleue de la mort. Pourtant la vision sporadique de l'absolu. Et au retour la grisaille. Un peu plus grise. Des flashs d'infini, quand même, qui vous consolent un peu, un temps, et qui accentuent la brûlure, la soif.

La certitude, à travers ma stupidité chronique, qu'il existe une voie, une porte quelque part. Quelque chose dans ce monde qui nous montre le chemin, nous fait entrevoir notre pays lumineux, notre vrai pays. Comme une parcelle de ce pays, un fragment de ciel tombé dans la boue. Dans le goudron de l'ignorance — le seul péché ! Un morceau bouseux qu'il suffit de frotter un peu pour le voir briller.

Je crois à l'amour. Au pouvoir infini de l'amour. À l'amour absolu. Vous aussi, même si vous refusez de l'admettre. J'ai surpris un jour vos larmes devant l'amour impossible de Roméo et Juliette. Et le rêve d'amour qui gonflait votre cœur adolescent devant l'idylle tragique des jeunes amants de *Titanic*, cette allégorie moderne de l'inconscience fatale de l'humanité. Les divorces à répétition n'attestent-ils pas la quête aveugle du partenaire idéal — quand on est soi-même pourri jusqu'à la moelle ! Vous attendez toujours tout et ne donnez rien. Si peu. L'amour est exigeant. Et ardu : oui, *qu'il est difficile d'aimer* ! Plus difficile encore !

Tu n'as pas la trempe d'un héros ? Alors continue de mariner dans ton purin. Remarque, tu n'en sortirais peut-être pas. Ce n'est pas automatique : j'aime, je suis transfiguré — quoique si c'était vraiment de l'amour... Mais au moins aurais-tu essayé. Ta vie aurait eu un sens. Autre que courir les boutiques, les studios de bronzage, les plages l'hiver, les festivals l'été, les derniers trucs pornos. C'est de la poudre aux yeux, mais tu ne demandes pas mieux. Consommateur béat cherche amour jetable, pas cher. Pas trop d'effort. Bonheur en option. Ou du plaisir en masse. Des pilules pour bander. Des machins pour stimuler le clitoris ou provoquer des orgasmes en série. Des fêtes où l'on rit beaucoup. La fantaisie a ses chiens de garde qui t'empêchent d'entrer dans le jardin de roses de l'amour.

Ça me fait mal de te voir t'acharner si péniblement à être heureux. Tu veux être heureux, mais tu crées ta souffrance. Par ignorance : le pire des poisons. Manques-tu d'aptitudes au bonheur ? Ou de méthodes ? Nous sommes champions dans l'art de souffrir. Mais nous ne le savons pas. Les coupables sont sûrement les autres. Ou l'autre. Celui ou celle que nous aimions. Que nous croyions aimer. Que nous n'aimons plus parce qu'il ou elle nous a parlé un peu fort. Vraiment, l'enfer c'est nous-mêmes. Notre amour-propre qui saigne, notre ressentiment. Notre rage, notre égoïsme, nos justifications. Si nos plaies engendrent parfois un soleil, il est rare qu'elles enfantent autre chose que la nuit de l'amertume et de la solitude. Sur le chemin de l'amour, nous rencontrons d'abord la souffrance du moi.

Précipités dès notre premier souffle sur le sentier de la lumière, nous la cherchons toute notre vie dans le sens opposé. Dans l'obscure affirmation du moi.

La perception de plus en plus nette, dans le miroir que l'on désembrume et polit, de notre double bête et méchant, de notre inconscience suicidaire. Un trip sado-maso.

Oui, difficile l'amour. Comme d'apprendre à léviter. Ou à devenir un ange. Comme toi et moi, mais en mieux. Sans ailes. Non, c'est autre chose : nous sommes des nuages noirs et l'ange est l'éclair qui en jaillit.

À te voir ficelé dans ta sous-humaine rancœur, tu as peu de chances de trouver un jour la sagesse de l'amour. Est-ce réservé aux extraterrestres ? Peut-être. Y a-t-il un extra-terrestre sur ce bateau ? C'est pour un sauvetage. Une humanité en perdition. Mais elle ne le sait pas encore — pas distinctement. En quête d'une bouée de salut. Mais elle l'ignore. À des années-lumière de la planète amour. Mais elle n'en sait rien. Trop occupée à s'éclater. À poursuivre dans les fossés son ombre vacillante.

Simple pourtant, l'amour. Suffit de faire le ménage, de balayer ce qui l'encombre. D'arracher les voiles qui l'étouffent et l'empêchent d'étinceler. Déshabillons l'amour. Débarrassons-le de ce qui n'est pas l'amour. C'est la première tâche sur la voie. Laborieuse. Délicate.

On brandit très jeune son rêve d'amour. Illusion disent les vieux désabusés qui n'ont pas su le réaliser. Certes, rares sont ceux qui réussissent. Dans le meilleur des cas, on arrive à un compromis acceptable, à une trêve durable que l'on continue d'appeler de l'amour. Que l'on appelle aussi tendresse. Mais c'est une capitulation.

Oui, nous portons tous un rêve d'amour absolu — un rêve fou que nous troquons pour un amour « ordinaire ». C'est inscrit dans nos gènes. Plus profond que les gènes, là où le bistouri électronique ne s'insinuera jamais. C'est une aspiration fondamentale de « l'âme » et toutes les religions en sont dérivées, elles qui ont récupéré à leur profit cet élan vers l'absolu. C'est l'appel d'une perfection primordiale, d'une lumière qui nous attire dans notre nuit humaine vers une **réalisation** dont l'amour semble être le symbole et la clé. L'amour réalisé est incarné par des figures que nous avons divinisées (Christ, Bouddha, Isis...), mais qui sont de vrais hommes et femmes ayant accompli sur terre l'absolu de l'amour. De leur vivant ! Le chemin existe. Ici et maintenant. C'est le Grand Œuvre : transmuter les ténèbres en étoiles. L'alchimiste est un guerrier de l'amour. La quête de l'amour total est éminemment subversive : c'est la transgression de notre médiocrité satisfaite. L'acte terroriste par excellence !

Périlleux également, l'amour. À fouiller ses abysses en

quête de son être, n'est-on pas constamment menacé par le néant ? Voilà sans doute le fameux « chemin étroit » dont parlait cet illustre champion de l'amour. Y a-t-il une autre voie ? Un autre choix ? Dites-le moi si vous en connaissez un autre !

Ceux qui font profession d'aimer, qui aiment par devoir, religieux ou commercial, qui un jour ont décidé qu'ils débordaient d'amour pour l'humanité ou leur public, sont à côté de la plaque. Plus à plaindre que les égarés du désir qui confondent amour et passion. Lequel d'entre eux a la moindre idée de ce qu'est l'amour ? Pourtant, l'amour est sur toutes les lèvres, dans toutes les chansons, tous les films ; cet amour qui fait bouger le monde, est-ce vraiment de l'amour ? À la racine, oui. À la racine seulement. Si c'était de l'amour, la terre serait le paradis. Fini la haine, la colère, l'envie, tout ce qui nous déchire, nous dévaste. Ils ne connaissent rien de l'amour. En sais-je plus qu'eux ? Je sais au moins que l'amour-climax suivi de la désespérante désagrégation du sentiment n'a rien à voir. Le coup de foudre n'est pas l'apogée, mais *peut-être* le début, l'étincelle qui doit mettre le feu à l'univers. Si on l'aide un peu.

L'ego est la cause de l'échec amoureux : on aime pour soi-même. On veut être aimé, car on se déteste secrètement. Quelque chose de narcissique dans le modèle courant de l'amour : l'autre doit être le reflet de nos rêves, assouvir nos phantasmes, compenser pour nos lacunes, notre manque à vivre : l'échec est fatal. On n'aime pas. On ne rencontre jamais l'autre. On ne le connaît pas. Comment le pourrait-on quand on ne se connaît pas soi-même. À part quelques pulsions et désirs superficiels. On reste centré sur ses propres besoins que l'on cherche à satisfaire à travers l'autre. Et dans le sexe, chacun pour soi : notre misérable jouissance avant tout. Syntonie relative des corps, parfois, mais les âmes aux antipodes.

16

L'amour qui s'étiole et meurt n'était pas de l'amour. N'importe quoi sauf de l'amour : la peur d'être seul, le désir d'être apprécié, l'attachement, la passion... Ou le germe de l'amour qu'on a laissé pourrir dans le labyrinthe vaseux de nos basses émotions. L'amour n'est pas coupable des couples qui se déchirent. L'amour est parfait de toute éternité. Son hôte est imparfait. Son canal qui n'est pas à la hauteur. Aimer, c'est aller à contre-courant. Apprendre à mourir. Mourir à ce qui tue la part divine en nous. À nos (presque) incurables bassesses, à l'intransigeance qui nous fait exiger de l'autre la perfection dont nous sommes incapables.

Déleste-toi de tes idées surannées. Des croyances héritées de ton entourage aussi égaré que toi. De ta vanité qui fait semblant de chercher le véritable amour ! Le germe d'or de l'amour est difficile à trouver. Une fois trouvé, difficile à enraciner dans la terre vivante de notre cœur. Une fois enraciné, difficile à faire fructifier. Parce qu'il est difficile de mourir. D'éventrer sa propre image. De tordre le cou à ses hallucinations. De faire sauter son programme. La machine est incapable de penser ou d'agir en dehors de son algorithme. Et nous l'avons formatée pour la souffrance : c'est économiquement plus rentable.

L'amour est une montagne à gravir. Pour rejoindre au sommet notre divine Béatrice, en suivant aux enfers les traces de notre frère Dante. On aperçoit dans le miroir de l'Alchimie ses masques hideux. Spectacle affligeant, intolérable. On veut à toute force se délester de ce plomb qui nous empêche de nous élever jusqu'au sommet. C'est le but vers lequel je tends. Vers lequel vous tous tendez aussi. Car vous avez tous *le regret de ce pays d'amour que l'on cherche toujours et que l'on n'atteint jamais*. Jamais ? C'est à voir. En tout cas, j'ai commencé ce voyage et vous invite à partir avec moi. Vais-je atteindre la cible ? Peu importe.

L'amour jette une lumière plus crue sur son contraire.

Sur la détresse humaine. Votre détresse, qui est aussi la mienne. Votre misère qui s'ignore. Qui se distrait, qui flirte. Qui s'éthylise, s'anesthésie, se calfeutre de luxe et de volupté. La pire des misères ? Rappelez-vous cela quand vous lirez les pages les plus sombres de ce recueil. Quand vous descendrez avec moi dans les abysses de l'âme. Contemplez alors avec moi votre douleur renfoncée depuis une éternité. Votre humanité bafouée pour vous faire rentrer dans le rang socio-économique et ses impératifs de rentabilité. Et mille autres blessures qui empoisonnent les racines du bonheur. Ne pas le savoir, se fermer les yeux, c'est se contenter de la détresse fardée qui fait la pute pour un peu d'affection. Et se croire quand même heureux, par quelque tour de passe-passe. Comme Ivan dans l'enfer du goulag. Comme les prisonniers enchaînés dans la caverne, qui se satisfont des ombres sur le mur et s'imaginent être heureux.

Il faut un courage infini pour explorer ce marécage en chacun de nous. Souhaite-moi ce courage. Pour toi-même. Le courage aussi d'aimer totalement. De se regarder dans le miroir de l'amour, sans avoir peur d'aller au bout de soi-même. Ce qui te retient, c'est ta médiocrité qui ne veut pas disparaître et que tu veux préserver jusqu'au néant de toi-même. Ô la « terreur » divine de l'amour !

La volonté d'amour L'amour est donc, au départ, la **volonté d'amour**. Comme on dit volonté de pouvoir. Il faut à la base, quand même, une étincelle initiale : l'urgence réciproque d'*âmes-sœurs* dans leur cage de chair. Une attirance mutuelle impérieuse, pas seulement d'ordre sexuel, bien que le sexe, employé à bon escient, occupe une place centrale. Car l'amour a besoin de feu pour grandir. Comme les nymphéas de soleil. Et le feu se nourrit à son tour de l'amour. Comme le soleil de la beauté des nymphéas. Pas de transmutation de la matière première sans feu. Pas de conversion du plomb en or sans l'acte créateur par excellence. Mais garde-toi de perdre une seule flamme de ton calice de lave ardente. Fais de l'acte d'amour une forme de la prière. Une religion. La plus belle des religions.

Quand il y a l'étincelle, on peut faire face à l'horreur. L'amour est une étoile qui nous éclaire et nous guide. Une étoile dans la nuit noire de décembre.

Aimer est une entreprise sacrée. Et la poésie, qui a conservé une parcelle du caractère sacré de cette entreprise primordiale, est le genre le plus approprié pour ce pèlerinage aux sources. Pour cette tentative de refaire le monde. Un monde où hommes et femmes seraient des dieux. Pas ces pantins sinistres qui s'entredéchirent. Un monde où l'amour serait la seule loi. L'unique vérité.

La poésie n'est pas le but du voyage, mais un support, un outil. Comme le doigt qui montre la lune. Mais le singe ne regarde que le doigt (et fait du doigt son absolu). Par son ambiguïté et l'incertitude qu'elle met en œuvre, la poésie est le seul genre qui puisse encore déstabiliser le lecteur, court-circuiter le fonctionnement habituel de sa pensée et l'amener ailleurs. Sur une autre terre, à l'intérieur de lui-même.

Franchissez la frontière, sur la frêle passerelle de mes mots. Venez, ce n'est pas loin : vous y êtes déjà. Apprenez à voir et vous verrez ce que les mots ne peuvent pas dire. Colonisons ensemble cette contrée de l'amour. Notre pays. Nous l'habiterons tous ensemble. Faisons le saut. Allons vivre dans l'infini, ici et maintenant, car dans l'infini *on est chez soi*. Ne craignez rien. L'amour n'est terrifiant que pour les « étrangers » — ceux qui se contentent de jeter un coup d'œil par dessus la clôture et ne comprennent pas ce qu'ils voient. Habiter ce monde est la tâche de votre vie. Votre mission. Et vous verrez que la terre aussi vit dans l'infini. Celui qui cherche l'infini *n'a qu'à ouvrir les yeux*...

Je ne suis pas un expert de ce monde. Un apprenti, sans plus, toujours noyé dans ses mirages. Une masse d'ombre traversée parfois de vagues lueurs que je voudrais partager avec vous. En équilibre instable entre les deux rives. Mal ancré sur l'une, pas encore de plein pied sur l'autre. Mais je sais que dans le chaos du monde s'ouvrira une trouée, une brèche par où nous infiltrer dans la réalité des divins chantres de l'amour. Et les deux univers s'harmoniseront. Feront l'amour. Fusionneront.

Le nouveau monde vous appelle, dans les bras de votre bien-aimé(e). L'autre est le chemin, notre propre chemin de lumière. L'amour est la porte et la clé de l'univers. C'est la loi fondamentale, sous les apparences sanglantes.

Il y a tout cela dans ce recueil et plus encore. Infiniment plus. Car la poésie elle-même est intraduisible. Mais il me semblait important de vous faire entrevoir son objet et sentir quelque peu la terre que vous allez fouler. Était-ce bien nécessaire ? Était-ce même utile ? Peut-être préférerez-vous n'y voir que des poèmes d'amour — ce qu'ils sont aussi, bien sûr — écrits pour une femme réelle et tangible, dont vous pourrez dire, si cela vous chante, qu'elle fut et demeure ma muse. Elle n'en est pas moins ma femme-flamme dans la nuit de nos apparences proliférantes.

Olivier Morel
Mars 2002

20

DU FEU LA NEIGE

résume le
recueil

J'ai bu un jour de gel
le feu qui couve sous la neige
et qui coule sans cesse dans tes veines.
Je m'en suis enivré.

Filippo Salvatore
(F. Caccia et A. d'Alfonso,
Quêtes. Textes d'auteurs italo-québécois)

Pour toi, ma femme bien-aimée,
ces mots qui t'appartiennent déjà,
ces bulles à la surface de l'eau,
fragiles comme notre vie
ces balbutiements d'un vagabond
sur le sentier de l'amour.

1

Avant l'orage
avant l'hiver
je veux voir encore
l'acier brûlant de l'amour
semer la terreur
dans les forêts de la chair

terreur de l'amour dans le marché banal

Avant l'orage
avant l'hiver
je veux hisser ma tête
sur les cendres fumantes
de vos tours arrogantes
pour entendre encore
le bleu ruisseau de ton souffle
frémir dans le feuillage
du peuplier céleste

apocalyptique

9/11

Avant l'orage
avant l'hiver
je veux boire encore
au calice diamantin de tes yeux
le vin d'extase qu'a distillé
ton âme ivre d'azur inviolé

Quand tu viendras à l'aurore

23

blanche fiancée
m'arracher à la boue du sommeil
emmène-moi
dans ton secret jardin de roses
au cœur de l'orage
au cœur de l'hiver

2

Frémissement chaud de ta voix
à mon oreille envoûtée

Vertige coagulé
dans la procession fugace des jours
crépitement de vies perdues
sursauts héroïques
silence prostré des détresses
dans le fracas du profit

Lumière dressée
dans le vert matin
arborisée dans le néant
des douleurs prégnantes
et des chétives joies

Cris apaisés
pitreries extasiées
masques pulvérisés
réinventer toujours
l'Amour

Se lever debout sur le chemin
d'étoiles
que tracent tes pas

3

Quand brille dans tes yeux
la flamme claire de l'amour
de joie les dieux pleurent
je te le dis
et le diable prie

4

Rêves au vent
misère au ventre
frémissent de sépulcrales terreurs
au cœur ancestral de tristes étreintes

blessure
de l'amour

Corps-blessure saignant de mots
qui jamais ne diront l'amour
l'âme délinquante et fardée
ne reconnaît pas le sentier

Où s'en vont-ils ?
d'où viennent-ils ?
pourquoi ces cris ? pourquoi ces frayeurs ?
la nuit toujours enfante le soleil !

5

Ma femme-cygne
soleil immaculé
qui glisse sur les flots sombres de la vie
en se riant des griffes de la nuit

Ma femme-source
serpent ruisselant
jailli du ventre minéral de la Montagne
pour le noël de l'amour

Ma femme-arbre
qui suit son chemin de lumière
et s'arrache au sommeil de la terre
comme le printemps se défait de l'hiver

Ma femme-croix
à tes bras pend un fruit d'or
enfant de mystique mort
sorti du rêve d'un dieu rouge

Mon amour mon infini
tu as incarné pour mon salut
le verbe *aimer*
qui au prime instant a ton visage de feu

6

Tombent les feuilles mortes
et nos terreurs
sous les brûlures du gel
tombent les frêles parures
des saules
humiliés par l'automne
squelettes noirs
courbés sur la rivière

Pauvre colombe
dévorée par les corbeaux
au bord de l'eau
pauvres oies sauvages
abattues en plein vol
de votre sang le ciel s'emplit
et voudrait crier

opposition colombe/corbeaux

Dis-moi mon amour
qu'après la nuit il y a encore le jour
et que dans tes grands yeux
les colombent renaissent

7

Lorsqu'il sourit de félicité
le Bouddha
c'est qu'il te contemple
belle amazone
sur l'écran de ses yeux clos

8

Mon amour
dans tes yeux piquetés d'étoiles
dont l'éclat fait chanter même les pierres
il y a m'a-t-on dit
près d'un vieil orme une source cachée
où les bêtes qui viennent boire
se découvrent visage d'homme

Belle magicienne
papillon d'or posé sur mon cœur
à cette fontaine d'ambre vif
conduis-moi vite — vite !—
et avant que le jour ne s'achève
sept fois j'y laverai mes habits
tu t'éveilleras et je vivrai

Alors ciel et terre feront la paix
de leur chaste étreinte naîtra une rose
et nous connaîtrons enfin le printemps

Le printemps = amour
hiver = desolation de la vie quotidien

9

Comment t'es-tu souvenue de moi ?
je dérivais sur la banquise
dans l'interminable nuit polaire
et ta soif d'infini a rallumé ma flamme

Dans tes bras en croix
ô mon adorée
le Verbe sourd de la sourde argile
couleuvre de feu jaillie des eaux
et dans mes bras ma déesse
tu redeviens une étoile
qui me guide vers l'Enfant d'or

(annotations manuscrites : froid / amoureux / une flamme)

10

Entre l'espoir et le cri
il y a ton corps
au parfum d'infini

sacré la sexualité

Entre le berceau et le tombeau
il y a ton sourire
tendu sur le néant

Entre l'ombre et la proie
il y a ton souffle
sur mes cendres émues

Entre la griffe et la chair
il y a tes seins
fleuris dans le désert

Entre le sang et la plaie
il y a ton ventre
où chante la voie lactée

Entre le fer et l'enclume
il y a tes mains
qui ouvrent la mer Rouge

Entre l'effroi et le silence
il y a tes yeux
dans la lumière de l'aurore

Entre le trône et l'autel
il y a ton cœur
comme une île dans le brouillard

Entre la nuit et l'asphyxie
il y a ta vulve
portail de l'éternité

Entre le myosotis et le chrysanthème
il y a ton désir
aigle de feu sur le chaos

Entre la pierre et le calice
il y a nos âmes enlacées
qui tremblent d'amour

11

Je veux me lever
en tes ardentes profondeurs
pour y contempler
dans le clair miroir de l'amour
l'image de Dieu
qui est ton visage parfait
de neige et de feu

Que de mains tendues
dans les grands yeux des enfants !

Des bras qui se referment sur le vide
— et les enfants meurent
quand s'éteint leur regard

Qui connaît les réponses ?
qui même connaît les questions ?
qui a encore à donner ?

Celui-là qu'il s'avance
et nous montre le Chemin
les autres qu'ils se taisent !

Dans le silence enfin
peut-être comprendrons-nous
avant qu'il ne soit trop tard
ce qu'attendent ces dieux éperdus
dans les grands yeux des enfants

13

Je veux semer ta route de mots
qui te soient un sentier d'étoiles
dans la traversée des grandes eaux

Je veux ceindre ta tête de roses
qui te fassent ô ma royale épouse
une couronne de flammes odorantes

Dans l'eucharistie de nos âmes unies
retrouvons ensemble la danse perdue
des gestes créateurs des mots premiers

— Toute parole qui n'est pas d'amour
est sécheresse
et douleur
et mort

Toi mon guide dans la ténèbre
mon soleil qui réchauffe la terre
après la tempête
apprends l'usage de ses ailes
à l'oiseau en cage
montre au guerrier blessé
à brandir l'immortelle épée de cristal
par toi offerte dans le sanctuaire du cœur

Toi mon Orient ma religion
l'univers psalmodie ton nom
et le vent porte cet hymne
au-delà des ultimes tours de guet

Jusque dans le désert de la lune
où la fusion des mille milliards d'atomes
de nos corps tressés
engendre le monde
à ton image et à ta ressemblance

BERCEUSE

Une fille sage adore l'abîme
abracadabra abracadabra
une fille sage adore l'abîme
abracadabra abracadabra

Car le soleil y trouve la sève
abracadabra abracadabra
car le soleil y trouve la sève
abracadabra abracadabra

Pour donner aux plus hautes cimes
abracadabra abracadabra
pour donner aux plus hautes cimes
abracadabra abracadabra

Les fruits d'or qu'il y élève
abracadabra abracadabra
les fruits d'or qu'il y élève
abracadabra abracadabra

BERCEUSE

Olivier Morel

Une fille sage a - dore l'a-bîme, A - bra-ca-da-bra A - bra-ca-da-bra.

Une fille sage a - dore l'a-bîme, A - bra-ca-da-bra A - bra-ca-da-bra.

Car le so-leil y trouve la sève, A - bra-ca-da-bra A - bra-ca-da-bra.

Car le so-leil y trouve la sève, A - bra-ca-da-bra A - bra-ca-da-bra.

Pour don-ner aux plus hau-tes cimes, A - bra-ca-da-bra A - bra-ca-da-bra.

Pour don-ner aux plus hau-tes cimes, A - bra-ca-da-bra A - bra-ca-da-bra.

Les fruits d'or qu'il y é-lève, A - bra-ca-da-bra A - bra-ca-da-bra.

Les fruits d'or qu'il y é-lève, A - bra-ca-da-bra A - bra-ca-da-bra.

15

Conquérir le Royaume
de braise et de glace

amour = feu et neige ?.

où nos pas ne laissent plus de traces
derrière les frontières closes du monde
derrière le pâle miroir de la mort

Combien se sont dissous
sur le chemin rocailleux ?
leur mémoire à jamais engloutie
dans la bataille de chaque instant
dans un désert que même les rats fuient

Le nom du Royaume ?
ceux qui marchent
l'ont-ils aussi oublié ?
pèlerins dépossédés de leur visage d'homme
pèlerins sacrifiés dans un vain combat

Terre anthropophage
peuplée d'ombres
qui parfois au crépuscule
soupirent sur la tombe des héros
soupirent au souvenir du pays perdu

Lève haut sur les cendres
ton calice de flammes
dans la noire douleur de l'Ange
qui nous suivra jusqu'au fugace Royaume ?
qui reconnaîtra nos corps de glace et de feu ?

Fourbis tes armes ma sœur mon amour
garde les yeux bien ouverts
la nuit est encore longue

16

Je t'aime
pour la rumeur du soleil
dans le huis-clos furieux des cités
et pour le cri des oiseaux
qui incendie notre gorge assoiffée

Je t'aime
pour la vie qui vient au monde
et se prosterne déjà sur la tombe
pour les frères ennemis
qui chantent à cœur joie leur hymne de haine

Je t'aime
pour les femmes et les hommes
à jamais piégés dans leur tour d'ivoire
et pour la mort de l'enfant
dans les mornes grimaces du bouffon

Je t'aime
pour les questions sans issue
et les réponses qui n'apaisent pas
pour les matins éreintés
qui peinent à se traîner jusqu'à la nuit

Je t'aime
pour les bêtes qui s'égorgent
se déchirent s'étreignent se dévorent
et pour ces enfants déchus
qui ne traverseront jamais la mer

Je t'aime
pour l'humanité perdue
qui hurle dans nos désirs étranglés
pour le soupir des racines
dans les quatre murs de ta chair qui tremble

Je t'aime
pour la foule des hommes-troncs
qui renient la lumière de tes yeux
et pour la douleur des dieux
qui pleurent à l'aube d'un nouveau jour

Je t'aime
pour ce jardin piétiné
par ingénieurs tueurs et souteneurs
et pour les ordres qui claquent
comme des coups de poing dans la tempête

Je t'aime
pour nos entrailles à vif
qui saignent sur le sentier des étoiles
pour l'énigme de la nuit
et l'amère caresse de la Terre

Je t'aime
pour le vent de liberté
qui tourmente nos âmes enclouées
et pour l'amour impossible
que des enfants sans peur vivront demain

Je t'aime
pour la chute des armées
qui n'ont pas reconnu le vrai combat
et pour la plainte des chiens
qui se souviennent du chemin de l'Homme

Je t'aime
pour ta nuque si fragile
qu'effleurent les ailes de ma folie
pour le serpent qui se dresse
entre le soleil et la pleine lune

17

Apprends-moi à lire
cette écriture de feu
que dessinent tes mains
dans les nuits d'amour

Apprends-moi à voir
ces fleurs étincelantes
que soulève le vent
sur les cimes de l'amour

Apprends-moi à mourir
en ton temple profond
où tu m'enfanteras
pour la vraie vie de l'amour

Les jours se suivent
et te ressemblent
ils ont ton sourire miraculeux
le savais-tu ?
et l'éclat étonné de tes yeux
dans la lumière du matin

Qui a perdu l'amour dis-tu
a tout perdu !

46

18

Terre noire
terre nue
ruisselante de rosée
sueur de vie
qui germe dans le désert

Terre blanche
terre brûlée
où renaît l'espoir
diamant qui chante
dans le temple de mon cœur

Corps blanc
corps nu
où serpente le Verbe
pays lumineux de l'Amour
que s'approprient nos âmes transies

Corps noir
corps brûlé
entre l'angoisse et la félicité
autel ardent de ton sexe
où rougeoie la face de Dieu

[annotations manuscrites : « opposition brûlé / neige, blanc » ; « sacralisation de sexualité »]

19

Il s'envole jusqu'aux cimes des cieux
le héron
et dans la vase des marais
plonge son bec pénétrant
le héron
notre guide
qui connaît la science du cœur

Sur ses ailes sombres
dressons-nous dans le jour déclinant
contemplons-nous une dernière fois
— ou est-ce la première ? —
dans le vermeil usé du crépuscule
quand le vent sur la rivière
chante un hymne à la Grande Mère

L'amour fait briller l'étoile du soir
elle se lève sur la tête du héron
notre guide
qui connaît la sagesse de la mort

20

Corps jetés l'un contre l'autre
l'un sur l'autre
de corps en corps
dans l'arène amère du plaisir
pugilistes de l'ennui
abusés par ce miroir aux alouettes
poids plume poids lourd
se fourrageant laborieusement
ils ne savent pas ce qu'ils font
faut-il comme Villon
prier Dieu de les absoudre ?

Le bonheur pourrit
dans le cœur estropié
des amants décatis
la vérité se retire
de ces rebuts de la Terre
comme la mer qui reflue
comme d'une main refermée
ils courent et s'agitent
— ombres vaines —
et titubent dans leur quête
de rien
de vent
droit devant
tourtereaux aveugles

qui se fracassent la tête sur les murs
faut-il mon frère Villon
prier Dieu de les absoudre ?

Quelle puanteur exhalent ces débris d'hommes ?
quelle pesanteur les exile du Ciel ?

Pas de rémission
pour la misère gorgée
qui singe la tendresse
et grimace la passion
coupables de lourdeur
— leurs baisers les plombent ! —
ces beaux cafards sont condamnés
à la noyade infinie
faut-il au nom des crucifiés
prier Dieu de les délivrer du mal ?

Quelle étincelle
peut raviver ces cadavres confits
que l'amour a désertés ?

Mais ne leur jetez pas la pierre
priez Dieu de nous délivrer
du grand sabotage de l'âme
par le poison du bien et du mal

De nous délivrer de l'ignorance
qui nous plombe nous encarcassonne
dans le cercle de fer de l'éternel retour

Levons-nous ma femme-soleil
secouons la fatigue qui nous bétonne

des matins gris empilés
comme les pierres d'un donjon
prenons le chemin solitaire
qui nous délivre
du supplice de la roue

21

Contempler avec mes yeux de terre
cette terre de chair
qui palpite et souffre
dans ta chair
dans ma chair
qui souffre et jouit

Un souffle unique
une même volupté
que taraude la douleur
le dernier spasme du moribond
se fond dans le cri du nouveau-né
qui aspire le jour
à cheval sur la mort

Réveillons-nous du rêve
— et du cauchemar —
pour vivre la terreur
de l'amour absolu
implacable et si doux

Et libérés du mirage
enfin nous élever en sombrant

teneur de l'amour absolu

22

Où es-tu Youri
qui erres dans la lumière ?

Tu t'en vas tu t'en vas
à grands coups de rame
dans la christine splendeur du soleil
qui musarde sur la rivière

Tu franchiras l'arche du pont
tu disparaîtras dans la nuit
et tu ne t'en soucies pas
et tu ne t'en soucies pas
es-tu aveugle ou sot ou saint ?

Où es-tu Youri
qui erres dans la lumière ?

Rappelle-toi toujours ce pèlerin
ma pristine épouse
quand mes doigts émus t'offrent
la prime rose de l'été

L'aigle passe
et creuse une trace de lumière
que nous ne voyons pas
frileusement emmaillotés de ténèbres

Les tambours résonnent
dans la respiration des étoiles
que nous n'entendons pas
assourdis par la clameur des marchands

L'Indien pleure
sur le noir sépulcre de la chair
nul n'écoute sa plainte
c'est jour de foire chez les infirmes

Ton visage dans la pestilence
a l'éclat vivant de l'aurore
tends vers moi tes paumes de feu
virginale épouse
et vers toi sur le fil de l'épée
je marcherai sans peur

Tu es le pont
et l'autre rive qui m'attend
dans le brouillard du sang

54

24

Dans le cristal du soir
brillent les yeux fauves
des apprentis-sorciers
ivres de désir et de désespoir
leurs plaintes fiévreuses mêlées
aux râles des gisants
leurs ébats furieux soulèvent
un peu de poussière
qui retombe doucement
sur leurs aspirations défuntes

Ils ont oublié
la science des caresses
qui fait monter dans l'arbre de vie
la sève des métamorphoses
allons c'est l'heure
de manger de la terre
vous étiez déjà éteints
dans le jour sale des néons
bien avant de vous ensevelir
sous la montagne de vos colères
de vos prières

Des vierges amères
se hâtent d'offrir
la mer crépusculaire de leur ventre

à ces ombres assoiffées
que charrie le grand fleuve obscur
de lourds désirs corpusculaires

Rentrons chez nous mon amour
je suis las de rouler ma bosse
dans le tourbillon des mouches
de me cogner la tête
sur les murs creux des jours
rentrons chez nous
si seulement nous pouvons
retrouver le chemin

25

Qu'il vienne
celui qui sait jusqu'où s'enfance
l'ombre de l'homme
(qui en a exploré les nocturnes terreurs)
et jusqu'où s'élève son vrai visage !

Qu'il le dise
aux papillons aux fleurs aux crapauds
qui sauront peut-être
le faire comprendre à l'homme

— Hé toi qui parles de l'homme
où se cache-t-il donc ?
sa race ne s'est-elle pas éteinte ?
je le vois partout clown sanglant
disputer le fruit de la terre
aux argentiers et autres charançons
cette vermine se repaît de poison
et saccage le jardin de l'Amour

Mais toi l'ami
toi qui connais ta source
et ton éternel visage d'enfant
que ne cours-tu à son secours ?
revêts tes habits royaux

ou ta tunique sacerdotale
et révèle à ce troupeau hagard
sa forme sidérale

— Non je ne bougerai pas d'un cil !
assis là sur ce banc municipal
au bord du fleuve implacable
dans les dernières lueurs du jour
j'aspire le clair parfum des nymphéas
longuement longuement
les yeux clos

Et je pense à mon épouse bien-aimée
à son visage étincelant
qui incendie les entrailles de la nuit

26

Étrangers en dedans
égarés au dehors
un pied dans le néant
l'autre dans l'excrément
ne rien toucher
qu'avec des gants de chair
me regarder et comprendre
l'indigence
parler
avec des mots usés
à la corde
mots râpés trop portés
exsangues lieux communs
dans une mer de grognements
de tapage et de rage
sans rien atteindre
personne n'écoute personne
des bras
qui n'étreignent pas
des pieds
sur une terre de fumée
soif d'un ciel sans nuages
d'un soleil qui est là
tout au fond
mais que l'on cherche ailleurs

que l'on traque partout
à perte de vue de sens de joie
dérision d'une vie
en morceaux
baisers gangrenés
rires étranglés
dans la nuit désespérée
île d'exil
terre d'abîme
jour noir
où es-tu ?
je ne te vois plus
visage en lambeaux
mémoire grêlée
un cri qui ne sort pas
— à quoi bon dans le désert ?
tu murmures à mon oreille
ton rêve d'étoiles
j'entends mal
assourdi
par la clameur des rues
nul ne franchit les eaux
vieux pont écroulé
depuis longtemps
depuis longtemps

Qu'ai-je besoin d'un pont ?
ton sourire est beau
comme un Nocturne de Chopin
j'ai failli ne pas le voir
j'étais si vieux alors

si vieux
l'ambre fauve
de tes yeux
me ranime
ton ventre est profond
comme un océan
comme l'éternité
comme la mort
la mort m'a pris
un jour de mai
et m'a rendu à la vie

27

Le temps d'ouvrir les yeux
— bonjour comment t'appelles-tu ?
le temps de grandir
le temps d'un sourire
le temps d'un je t'aime
le temps de se déchirer
le temps d'un tourment
le temps d'un regret
déjà le temps de sortir
— au revoir comment t'appelais-tu ?
le temps de fermer les yeux

Le temps de regarder enfin le ciel
le temps de s'élever dans la lumière

28

La nuit est froide
et les enfants ne rient plus
(il n'y a pas de quoi rire !)
les femmes tremblent de peur
les hommes courent à l'aveugle

On a verrouillé les portes
on se tapit dans l'ombre
griffes tendues
poings crispés
dents qui grincent
des corps tombent des tours d'ivoire
on ne suffit plus à les ramasser
de blanches maisons s'écroulent
— où est l'ennemi ? où ?
— dites-le nous
et nous saurons nous défendre !
— qui nous a spoliés ?
depuis quand ?
— qu'on pourchasse les coupables !
— qu'on les pende ! qu'on les brûle !
qui nous rendra la vue ?
qui nous sauvera ?
n'y a-t-il plus de héros ?
n'y a-t-il plus de réponses ?

Au banquet des gueux en smoking
au festin des sidatiques de l'âme
nous avons cessé d'attendre
l'hôte si longtemps espéré
(l'aurions-nous reconnu ?)
les fruits de la terre
nous pourrissent dans la gorge
des cadavres adipeux
psalmodient des gaudrioles
et se gavent d'ordures gastronomiques
les couples embronchés
râlent comme des porcs qu'on saigne

Quand donc avons-nous perdu
la chorégraphie magique du désir ?
(à quoi bon singer les gestes ?)
nos bras tournoient
dans le vide glacé
nos lèvres ont oublié la forme
des paroles qui créent
nos cœurs ont perdu
la note-clé du mot amour
et depuis que Sophia vend son corps
solde son âme
nos ventres enfantent des monstres
à notre image

Tout est à recommencer
mon amour
avec toi

29

Trois gamins géants
derrière la maison de banlieue
— joli cottage simili-victorien

Trois gamins espiègles
tirent des ficelles invisibles
au-dessus de la jolie maison

Trois gamins austères
font danser de joyeux pantins
devant le joli cottage

Regarde-les se lever retomber
regarde-les s'agiter s'entretuer
regarde-les s'étreindre se maudire

Derrière les trois gamins
dans la pénombre
une silhouette sombre
un visage que l'on devine
— on voit le blanc des yeux
et les dents qui luisent dans le noir
car cette obscure figure
s'éclaire d'un large sourire
impassible

30

Mon pays c'est le combat
jour après nuit après jour
pour ne pas capituler
pour ne pas crever d'ennui
au volant de ma torpille
lancée dans le vide

Mon village c'est la lutte
corps à corps acharné
pour garder la tête haute
au-dessus de la fange
et le cœur fixé sur toi
mon lumineux amour
pour garder l'œil ouvert
sur les crocus immaculés
qui trouent l'hiver dédaléen
où nous nous étions égarés

31

Il suffit d'écouter le vent
ruisseler dans les peupliers
pour être heureux

Il suffit d'une source vive
sinuant sur un lit de menthe
pour être heureux

Il suffit qu'un rayon de soleil
chante sur tes cuisses dorées
pour que je sois heureux

Mon amour
qu'est ce frisson dans mon dos ?
serait-ce le bonheur ?
ou est-ce la vieille douleur
qui fibrille la félicité ?
la joie-douleur
du temps donné du temps repris
et le désespoir cuisant
de ne pouvoir rien saisir
jamais
de mes doigts de fantôme ?

— Dis-moi pourquoi ce tourment ?
la lumière toujours
est chevillée à la nuit
tu le sais bien
et la vie appartient à la mort
pourquoi ce tourment ?

Il suffit de presque rien
comme dit la chanson
il suffit de franchir la rivière
main dans la main
simplement

32

Penchés sur le gouffre
de leur détresse
des enfants ridés
enfants déjetés
cherchent des huîtres
farfouillent le sable
profanent l'ombre humide
les yeux brillants et vides
comme des lunes
ils ont oublié
qu'ils cherchent des perles

Sables mouvants du désarroi
aucun n'est ce qu'il prétend
le mensonge noie nos élans
pervertit nos ardeurs
on ne retrouve jamais
tout ce qu'on a perdu
on ne perd jamais rien
ni l'air ni la chanson
des jours misérables
nous avons oublié
que nous cherchons le bonheur

Fermés les chemins de l'enfance
nul désir ne perce les murs
élevés jusqu'au ciel
par nos frayeurs secrètes
et nos haines aveugles
qui ne prend sa liberté
prend un nouveau tyran
mais nous mouillons de peur
et ne partons jamais
nous avons oublié
où nous voulions aller

33

Fugaces baisers
fragiles étreintes
qu'illumine l'ombre de la mort
nos âmes en voyage
comme des oies sauvages
reconnaissent les traces du Roi

La carcasse pète le feu
pratique aérobie stretching
vélo musculation jogging
mais le cœur dévidé se débande
et la gangrène grignote l'âme
ses restes putrides
au fond d'une poubelle
je les ai laissés là
sonnez la curée mes frères
accourez au festin
des faussaires des pantins
des politiciens des romanciers
des gâteux des éducateurs
des psychologues des crabes
des charcuteurs des pirates
des gourous des humoristes
se disputent âprement
ces morceaux de charogne

puis s'entredévorent
je les ai laissé faire
rien à sauver ! me suis-je dit
déchets non-recyclables
et parmi les ordures
au milieu des miasmes
j'ai vu encore une meute hébétée
pendue aux basques de maîtres-chanteurs
servis à la sauce tartuffe
les bêtes à l'abattoir me suis-je dit
ont bien plus de dignité !

Au fond du dépotoir
on jacasse à s'étourdir
— aphasie à forme de logorrhée —
et l'on fait tous les soirs
la tournée des grands ducs
de discothèque en bar branché
de cachot en bordel clinquant
en attendant que ça finisse
en attendant de s'endormir
une fois pour toutes
dans les bras maculés
de la terre-mère éperdue
on a même célébré l'autre jour
l'exécution du dernier philosophe
à coups de crachats et de champagne
la fête a remplacé la quête
chiennes et chiens se prostituent
au travail et sur la rue
au ciné comme à l'école

dans ce foutoir de carcasses fardées
qui taille encore son diamant ?
qui n'est pas ébloui
par l'or des fous ?
j'en pleurerais jusqu'au sang
si le show n'était si drôle
allons mes chers confrères
ne perdez pas la tête
du nerf que diable !
la comédie n'est pas finie
canailles ou pitres peu importe
jouez bien votre scène
quelques instants encore
sous les projecteurs ou en secret
même si vous ne comprenez rien

Fugaces baisers
fragiles étreintes
qu'illumine l'ombre de la mort
nos âmes en voyage
comme des oies sauvages
marchent dans les traces du Roi

apparition

Fondu au noir
sur tes beaux yeux sombres
fondu enchaîné
in questa tomba oscura
où j'erre
à ta recherche
à ma recherche
dans l'espoir incurable
d'un fondu au blanc
sur ton ventre
sur tes seins
un beau matin

chaleur,
lumière

en plein juillet
un matin éblouissant
comme le grand amour

35

*Les spectateurs se lèvent pour acclamer
l'entrée du héros puis ils s'asseoient et
écoutent religieusement sa complainte*

Le jour est aux querelles et aux appétits
la nuit se hérisse de peurs et de peines
la terre pustule de passions rouge-sang → feu
mais prenant la main des impotents
je suis entré dans leur clopinante ronde
et j'ai clopiné gaiement avec eux
mangé à leur table
revêtu leurs habits
vénéré leurs galons
conspué leurs ennemis
grommelé leur jargon
j'ai dormi avec eux
saigné de leurs plaies
applaudi leurs facéties
à la télé au Saint-Denis
nous avons ri ensemble
chanté crié bu pleuré

Et le vent m'a brûlé
par quel soupirail quelle brèche
s'est-il infiltré ?
n'avions-nous pas tout colmaté ?

vent = amour
qui brûle

75

barricadé toutes les issues ?
même le ciel était fermé
pour cause de rénovations
réveillé en sueur
dans la nuit opaque
je bute sur les corps inertes
de mes compagnons engourdis
tétanisés de misère
crasse ou dorée
réveillez-vous ! réveillez-vous !
allez ! debout !
assez d'humiliation ravalée !
assez d'ignorance béate !
levez-vous et marchez
armés de votre volonté
s'il vous en reste !

J'ai beau gueuler gémir
secouer frapper menacer
rien n'y fait
seul dans le noir fiévreux
torturé de questions
tout n'est-il qu'une mascarade ?
une farce de soûlauds ?
seul à frissonner d'effroi
je tâte les murailles de béton
et je supplie le vent
et je maudis le vent

Suis-je exaucé ?
un rai brûlant de lumière

épaissit les ténèbres
est-ce un rat ? est-ce un ange ?
qui est là ? répondez ?
allez vous-en
je n'ai rien demandé
une question de trop
un soir de tourmente
une question déplacée
qu'ai-je donc déclenché ?

> *Ici les spectateurs compatissants rani-*
> *ment l'ardeur du héros par leurs appels*
> *au courage et à la persévérance*

rendez-moi le sommeil
l'insouciance de l'enfant
tout heureux de ses premiers pas
mais une porte s'entrebaille
dans mon délire
et tu te glisses dans ma tombe
toi que j'ai cherchée
sans le savoir
depuis toujours attendue
depuis toujours en mon cœur
je te reconnais
dans tes gestes immaculés
toi pourtant noircie de souffrance
et tu t'approches en silence
tu n'as pas peur ?
de l'inconnu derrière les murs ?
de la nuit ? du vent ?
de moi ?
je suis agglutiné vois-tu

à la face obscure du monde
il est trop tard pour moi
et je ne veux pas quitter mes amis
fantôme captif comme eux
détresse incurable des ombres
dans leur palais de rêve
ne le sais-tu pas ?
je ne partirai pas
c'est mon pays mon domaine
c'est ici que je veux vivre
mais tu t'approches en silence
et tes baisers me réveillent
viens vite mon amour
que je te prenne dans mes bras
il reste bien peu de temps
pour tout apprendre
tu n'as pas peur
nous nous enlaçons
et nous frissonnons d'extase
prononce un mot ⟩ *je t'aime...*
— ou trois —
et je serai guéri
et je n'aurai plus peur
de grandir
d'aimer
viens vite mon adorée
toi mon seul pays ma patrie → *amour, la femme*
tire-moi de cet immense cloaque
de ce champ de bataille planétaire
où des milliards d'auto-amputés marinent
dans la boue de leurs émotions

abattons frontières cages remparts
guide-moi vers ce jardin
que fait renaître le désir *renaissance*
dans le jour qui se lève
nous y respirerons jusqu'à l'instase
le parfum des iris
et parmi les oiseaux ressuscités
au milieu des immortelles bleutées
nous courrons l'un vers l'autre
dans les bras l'un de l'autre
l'un dans l'autre
pour cet ultime rendez-vous
sur la croix de l'amour

> *Émus aux larmes de joie les spectateurs applaudissent à tout rompre heureux de l'heureuse issue du drame et d'y avoir joué leur partie avant que le théâtre ne s'effondre sur leurs bravos humides*

*références
à la nature.
au ciel*

Tu es l'arbre de la connaissance
tes bras d'or s'élèvent jusqu'au ciel
et l'amour source du cœur de l'arbre
qui est au milieu du Jardin

*référence
à Adam et
Ève*

Tu es l'arbre divin de la vie
j'ai mangé ta chair et bu ton sang
d'où source le cosmos infini
et le serpent sauveur m'a instruit

Dans ton cœur resplendit le soleil
de ta sève épanchée sur la fange *? → dictionnaire*
sort une forêt de mains offertes
tu es ma mère et moi je t'engendre

37

Écoutez les fusils aboyer
les hurlements des suppliciés
les arguments des épiciers
écoutez l'hymne sourd des canons
et les prières des muezzin
dans l'aguichant orchestre de la mort
écoutez les mitrailleuses râler
parmi les rires et les hosannas
reniflez le fervent encens des bombes
giguez sur le pas rythmé des armées
en vous imbibant de pousse-cafés
tandis que sous vos yeux lubriques
on souille et dépèce la douce Ophélie

Vous ne m'en voudrez pas trop
si je vous laisse à vos jeux
si je fuis vos temples turpides
vos dieux marchands d'obus
ne me cherchez pas je n'y suis plus
j'ai retrouvé mes ailes d'ange
les vertes ailes de l'amour
je vais m'asseoir dans mon jardin
à l'ombre de mes pommiers en fleurs
je regarde passer les nuages
en rêvant à ce qui ne passe pas

et voguant sur des lieder de Schubert
je verse quelques larmes émues
sur ces mélodies et sur vos misères

Couché près de toi dans l'herbe tendre
au soleil de ton sourire en fleur
je bois dans tes yeux rieurs
le cristal sanglant du crépuscule
tournoyant en silence avec toi
dans la chevelure de la comète
enseveli dans le doux tourbillon
de tes atomes

38

Pauvres chiens dans votre peau élimée
qui promenez des yeux éteints
sur collines et vallons dévastés
que vous ne voyez plus

Pauvres chiens aussi faits pour la misère
Que les grenouilles pour le tango
mais vous souriez béatement
quand vos maîtres vous piétinent

Pauvres chiens qui traînez votre défaite
de la tétine jusqu'à la tombe
la jolie danse qu'on vous destine
c'est le rigodon des pendus

Pauvres chiens aux pieds embourbés
dans la détresse du pain quotidien
vous étiez autrefois des rois
que les oiseaux saluaient bien bas

Pauvres chiens au cœur délabré
que seules habitent les araignées
en attendant que sur vos chairs passe
dans son habit noir la mort

Pauvres chiens brûlés de rêves
si vous ne savez pas pleurer
quand viennent au monde vos enfants
que pouvez-vous connaître de la vie ?

Pauvres chiens qui vous déshabillez
sans même l'alibi de l'amour
et qui trahissez hommes et femmes
pour vous consoler de trahir votre âme

Pauvres chiens dégriffés édentés
enchaînés castrés numérotés
contrôlés diplômés civilisés
chiens savants qui bouffez vos excréments

Je pleure sur vous pauvres chiens
mes frères moribonds qui n'avez rien
ni les poings ni les cris ni les larmes
pour déplorer ce que vous avez perdu
et que vous ne savez même plus

Je pleure sur vous mes frères
qui me déchirez de tout votre amour
il n'est pas encore né celui-là
qui vous apprendra à vous tenir debout
pour devenir enfin des hommes

Je pleure sur vous mes frères
qui vous coucherez sous la terre
en gémissant sur les os perdus

vous ne savez de l'amour que le nom
et de la beauté que le renom

Sur l'étang où pourrissent vos carcasses
glisse dans le soir une brise enivrante
que vous réclame donc le ruisseau ?
c'est le loup qui a saisi l'enfant
et le loup jamais ne rend sa proie

Mais un jour tu es entrée chez moi
et tu as baisé mes yeux inquiets
pose aussi tes lèvres sur mon âme
pour m'éveiller d'entre les gisants
et me délivrer de ce masque de chien

39

Ta main est un diamant-foudre
une vivante lance de flammes
qui remue le magma durci
un joyau ailé dans l'infini

Ta main sur mon corps
pleine du souvenir d'autres mondes
ouvre un chemin de braises
dans l'épaisse broussaille
ouvre une voie secrète
semée de cailloux d'étoiles
pour un géant fragile
qui marche en ton cœur de femme
qui s'éveille en mon cœur d'homme

40

Anges de lumière
vêtus d'excréments
oiseaux de nuit
qui fuient la lumière

Dans le jardin abattu
grouillent inutiles et ahuris
rois boîteux reines bossues
qui jamais ne se rejoignent
qui s'étreignent sans se voir
et qui s'éteignent peu à peu
claquemuré chacun dans son bunker
chacun étreignant sur son pauvre cœur
une orchidée en plastique

Ils ont depuis des lustres perdu
la science des pèlerins de Compostelle
ils se rueraient sinon aux enfers
une ardente rose dans une main
un calice flamboyant dans l'autre
et le Maître de l'Étoile
de la bauge pour eux ferait jaillir
l'astre du matin → soleil
Vénus-Lucifer
dont il sertirait leur couronne

*le monde
qui ne
cherchent
pas le vrai
amour*

la société de
consommation
qui érode
tout et qui
déforme jusqu'
l'amour

Quelques pas
de tango dans les bras de fer
gants de velours
de la vie
la poésie n'a plus cours
dans ce jardin postiche
que se disputent les marchands
balbutiements de cauchemar
les mots sont envoûtés
gonflés à l'hélium
pour distraire les passants
aguicher les restes humains
dans la boue du crépuscule
quelques pas pesants
on ne lésine pas sur les moyens
big is beautiful
marketing de l'avalanche
tout est récupéré
dans la machine à profits
massacres viols crachats
quelques pas perdus
d'un bout à l'autre du vide
hit the road my friend
sans savoir où ça mène
le paradis ou l'abattoir

qu'importe
pourvu que ça roule
pourvu qu'on rigole
les rats quittent la cale
navire en feu
ciel en cendres
fuite en avant
mais on recule

Cœur sec tête froide
fabriquent de la douleur
en série à la chaîne
de vie en vie
cœur élimé dès l'aube
surtout ne pas le réveiller
pâle fenêtre du vivre
la route est verrouillée
je l'ai su à seize ans
rien à saisir
quelques pas de crabe
pourquoi vous arrêter ?
faut chercher une autre voie

la douleur de ne pas aimé = froideur

faux amour = hiver

Convives transis
dans ce jardin d'hiver
on mime la vie
on simule l'amour
ce n'est que du cul
pour se réchauffer
entre chiens perdus
c'est la misère bien sûr

misère intérieure

la misère
mais ne pleurez pas
sous le faux jour halogène
on est même presque heureux

Sous la glace je rêve
d'une chapelle ardente
à deux pas de l'infini
dans tes bras d'eau forte
dans ta lumière toute nue

Un pas de deux
avec toi pas à pas
sur une vague en équilibre
à soulever des aurores boréales
dans la nuit dégriffée
un pas de deux
lourd pourtant
de toute notre humanité
dans l'infime flamme de l'instant
la vie avec toi
mon amour

42

Pas compliqué l'amour
je t'aime tu m'aimes
je bois ton regard
tu respires mon sourire
passe le courant
chante le feu
je t'aime tu m'aimes
une perle étincelante
à portée de main

Mais un matin gris
mais une giclée d'amertume
une parole superflue
et l'onde se brouille
le regard proteste
le sourire se crispe
l'image blessée tonne
égratigne revendique
et de son poison spumeux
la colère étouffe la flamme
qui donc peut flotter
au-dessus de son brouillard ?
se passer au crible
hisser le cœur sur les eaux troubles ?
quand les chiens hurlent à la lune

les bergers braillent en chœur
comment dégager l'or en fusion
de son obscure gangue de plomb ?

Une perle étincelante
à portée de main
pourtant insaisissable
je t'aime tu m'aimes
pas compliqué l'amour
trop simple peut-être

43

Un spasme d'angoisse
un éclair de volupté
foire d'empoigne et de grimaces
l'instant d'une querelle
se frapper jusqu'au sang
jusqu'à l'orgasme
dans la gueule dans le ventre
jusqu'au délire
jusqu'à la tombe
la vie est si brève
sitôt levé le rideau tombe
un sourire furtif
une lueur d'amour
et le rideau se referme
noir suaire d'oubli
sur nos cheveux blancs
trois petits tours et puis s'en vont
rien n'est accompli

Passe passe la vie
les années filent
folles secondes en fuite
mordent la gueule flasquent le ventre
les heures tombent
comme la pluie

le printemps reviendra-t-il ?
verrons-nous le jour se lever demain ?
dis-moi que tu m'aimes
et que l'amour illumine
la nuit du sépulcre

Chacun de son sang paie sa place
bien résolu à faire la noce
veut-on jamais rien d'autre ?
enivrez-vous ! chantait le poète
mais la pièce est triste à crever
un vent de rage convulse les gradins
chahut de cris indignés
huées furieuses poings levés
fait-on semblant d'ignorer ?
comment ne pas savoir
que spectateurs sont aussi acteurs
d'une farce dont ils sont les auteurs ?
enfants du paradis termites de l'enfer
les passions font tourner la roue
chacun se saigne à blanc pour gagner
et grimper sur la honte de son frère
tant d'efforts pour n'être rien
et toute une vie pour y arriver !
triste à crever la comédie
un arrière-goût de vinaigre
vous n'y êtes pour rien bien sûr
étroite est la porte bien sûr
alors tenez ferme votre rôle
digne ou risible ou monstrueux
si vous êtes incapables

d'être vous-mêmes
faites-nous votre numéro
juste trois petits tours...
mais que peut-on accomplir ?

Passe passe la vie
à quoi bon retenir son souffle
il faudra bien expirer !
tombent nos joies tombent nos peines
comme une brutale giboulée
sentirai-je encore sur mon âme
couler ton désir immaculé
dans l'odeur fraîche des bleuets ?
dis-moi que tu m'aimes
dis-moi que l'amour
traversera le désert de nos rides
nous enveloppera d'un linceul
de lumière éternelle

44

Cette petite vague dure
qui bat fiévreusement
le rivage de ton ventre

C'est l'éternité
qui frappe à ta porte

45

Une femme drapée de blanc
chevauche un sombre bulldozer
chevelure sensuaire au vent
moissonne les masses laborieuses
et couche dans le même lit nuptial
artisans clochards et présidents

Nous tournoyons au milieu
des jeux de mort et de guerre
jeux d'osselets des généraux
et des seigneurs de la finance
dont le sourd fracas se mêle
aux vagissements des amants
et aux râles des nouveau-nés

Mais dans le soir séduit tu n'entends
que le doux babil de la brise
que le gazouillis du ruisseau
et quand tu t'enquiers si les étoiles
font elles aussi de la musique
j'irais cueillir dans la nuit infinie
pour les semer en ton jardin
tous les soleils de la voie lactée

Tes brûlants baisers d'amour
font chanter mes cendres
vois les morts qui se lèvent
dans mes ténèbres glacées
et dansent une farandole
tout au bord de l'abîme
au rythme joyeux
de nos cœurs en feu

Qu'importent désormais
solitude blindée barbelés !
rien ne subsistera
que notre désir transfiguré
œuf primordial
ivre de silence et d'espoir
sur les eaux ignées du Chaos

TESTAMENT

À mon Être incandescent
je lègue mon âme noircie
que je n'ai pas su redorer
faute de braise dans l'âtre
à la terre obscure
ma chair déguenillée
qui m'a tourmenté
que j'ai torturée
par sale ignorance
à toi ma sœur mon amour
je lègue nos instants de fusion
trombes illuminées
où corps et âme entrelacés
fusaient d'allégresse
vaginal embrasement
de la conscience
virginal ravissement
des sens atomisés
je desserrais dents et poings
ma colère fuyait à tire d'ailes
en ces éclairs d'extase

Qu'ai-je d'autre à te donner ?
prisonnier d'un songe minéral
comme les captifs de Michel-Ange

la peur m'a paralysé
la détresse corrodé
rongé réduit au squelette
je n'ai rien parachevé
ai-je commencé quelque chose ?
on ne m'a pas appris à marcher
on ne m'a pas appris à parler
les mots qui s'égouttent de ma bouche
ou que trace ma plume troublée
je les arrache à coups de pioche
et de mes prunelles voilées
je tente en vain de fixer
le visage iridescent
qui flamboie disent les mages
au cœur des masques

Ma sœur mon amour
qu'ai-je d'autre à te léguer
que le fragile souvenir
l'empreinte évanescente
de tes mains de tes lèvres
sur mon corps qui tremble
et les ardentes litanies
de nos âmes ravagées
quand pour me prendre en ton Saint
tes bras tendres s'ouvrent en croix

Voilà ma seule richesse
le la remets entre tes mains
comme un bouquet fragile
de gloires du matin

47

Je veux des mots transparents
comme une aurore de printemps
des mots qui disent tout
des mots qui disent l'Absolu

Mais le silence est une grande gueule
qui finit par tout avaler

Je cherche des mots neufs
taillés dans le diamant
des mots plus humains que la mort
des mots plus forts que le désespoir

Mais l'habitude est une grande chape] *inconscience*
qui étouffe toute lamentation

Je cherche des mots blancs
sur l'écran sale de la ville
des mots lumière dans le vide
puissants comme le sexe du soleil

Mais l'hébétude est un grand éteignoir
qui efface les serments d'amour

Je rêve de mots uniques
des mots qui ne laissent pas de traces
des mots divins comme la foudre
dans la nuit de notre indifférence

Mais l'orgueil est un grand chien
qui se couche sur son maître mort

Je n'ai que les mots des autres
mots tripotés mâchouillés loqueteux
maculés de crachats de sang de fiente
mais je n'ai que ces mots-là

Pour te dire je t'aime

48

Étoile tombée
dans les ténèbres du ventre
cris affolés des oiseaux de nuit
terreur stridente des enfants qui prient
sur les débris de leurs rêves
vous passez vous repasserez
vieux enfants dépassés
naufragés dans vos sottes inquiétudes
entre deux eaux fétides
cœurs sanguinolents des amoureux transis
brisés sur leur pierre tombale
roitelets assassinés
avant d'avoir appris à chanter
une étincelle traverse tes yeux
l'éclair d'un voyage oublié
l'éclat de ton divin mystère
debout sur le vide éternel

Étoile qui roule
de bourbier en charnier
quelle vérité résiste à la rouille ?
quelle certitude opposer à la gangrène ?
Dieu est inconnaissable
et l'idée de perfection une blessure → blessure qui
ouverte dès l'origine   ne se referme
                             pas

plaie jamais guérie
à jamais dissimulée
sueur qui nous sauve
et nous condamne
qui suis-je sous le masque ?
le saurai-je un jour
dans cette chair ou dans une autre ?
qui sous la grimace d'argile ?
question interdite
sous peine capitale
conspiration intellectuelle
pour étouffer l'enquête
magouille scélérate
l'humanité entière en otage
parlez-moi d'amour
mais vous ne savez que piaffer
et griffer et gueuler
je contemple ton corps
souple poisson de sang
sinueux et aérien
je baise tes seins gonflés de joie
je caresse tes fesses festives
ton dos satiné de lumière
un jour le soleil viendra
et dans nos veines coulera
comme un fleuve d'or fondu

Hécatombe d'étoiles
arrachées à leur ciel plombé
immense jeu d'ombres
qui s'étreignent et s'égorgent

104

dans le brouillard des passions
au paradis du profit
les ronds de cuir ratiocinent
et Mozart prend son trou
les financiers capitalisent
monopoly planétaire
et tombent les étoiles comme des clous
pas d'identité
pas de visage
que des rôles fugaces
banquier prolétaire ouvrier
mère médecin mollah
figurants en quête de réalité
nuée de guignols eczémateux
essaim bourdonnant de fantômes
saint personne
pas un étranger certes
mais pas un frère
être ou ne pas être
non
être sans être
les mots bloqués dans la gorge
et les pieds dans une brume
de béton
tu es une île verte
au bout du monde calciné
tout y commence toujours
tu es un vent de printemps
dans mon désert de cendres
en vérité je vous le dis
pas moi seulement

mais vous tous
car je meurs de votre enfer
— et revis par ton amour —
un enfer de glace
un hiver sans foi ni loi
faisons du feu toi et moi
et regardons la neige tomber
jusqu'à la fin de l'hiver
nous lirons de vieux grimoires
et psalmodierons des chants magiques
en attendant l'arc-en-ciel
sur les ruines de vos empires
le duo d'amour de nos âmes
lance un pont de flammes
vers cet instant éternel
où du chaos de ton ventre
n'a pas encore jailli la création

49

De notre calice incandescent
ma lumière mon amour
ne perdons pas une flamme
pas une goutte de feu
afin d'allumer
les sept mèches de chair
des enfants de la Noce
étirons l'extase
jusqu'à l'éternité
un pied dans la mer
l'autre sur la terre
dans la braise nous lavant
de notre gangue de plomb
et de cette noire fumée
qui monte du puits

Ô guerrière endormie
dans ta cage de flammes
secoue ton sommeil hypnotique
réveille-toi pour m'éveiller
aime-moi jusqu'au bout de la nuit
belle âme
belle avoine en fleur
bel ange
ma tour de feu

au milieu de l'océan
au cœur de ma vie
qui s'élève en toi

50

Un arc-en-ciel de tendresse
dans le prisme sombre de tes yeux
ton souffle ardent sur ma vie
tes lèvres humectées d'hydromel
palpitations fiévreuses de tes mains
tes seins dressés fanfaronnent
s'offrent à ma bouche friande
tes cuisses mordorées s'entrouvrent
ta vulve dilatée de plaisir
est un chaud lagon tropical
au milieu de la noire débâcle

Passent les polichinelles
qui gèrent le progrès de la gangrène
passent requins et pédégés
au cœur en solde ou en récession
rois nègres pompeux et frigides
du pénitencier planétaire

Je n'ai d'yeux que pour toi
et de dieu que toi mon amour
vierge palingénésique
du marais des origines surgie
dans ta nudité triomphante
pour ma soif pour ma folie

dans mes bras fervents
ton corps chante et tremble
ô grisant parfum de la Déesse
incarnée pour mon extase
femme ange et démon !

Passent les goules sanglantes
aux mains trop blanches
passent les respectables trucideurs
qui reniflent de loin votre charogne
sur l'échiquier bourbeux des nations
vous êtes si doués pour le malheur !

Ton sourire lumineux
comme d'un gracieux Bouddha
hiératique fandango de nos corps
sur la terre dépenaillée
à travers la brume de vos projections
contempler encore une fois
ta douloureuse beauté
me glisser en ton lac profond
au creux de la soyeuse frondaison
oasis nirvanique
dans l'oeil du cyclone

51

Exultation de la chair
dans la volupté de l'âme
des millions d'ailes folles
battent le tambour de ma peau
volupté de la chair
et jubilation de l'âme
fondus en l'Esprit
voie royale des baisers
tu te crucifies en mes bras
femme d'émeraude fluide
pour t'élever sur la pyramide
mon salut a ton visage
au sommet de l'échelle de feu

Pouvoir de l'amour
comme un chêne immense
dans le ciel de la chair
sur la terre de l'âme
pouvoir de la flamme
qui change l'âme en chair
et la chair en âme
démons hommes et dieux
sont enfants du feu
chair en fusion
âme condensée

vrillée de serpents
incinérer le bouc
déployer le Paraclet
tu es belle comme une galaxie
mon amour ma religion
et je pénètre en tes soleils
pour y boire l'ardente sagesse
des éclatants Séraphins

52

Parle-moi de l'avenir
et du goût de l'infini
sur tes lèvres irisées
dis-moi le bonheur paisible
des îles de Féroé
parle-moi de la lumière perdue
et retrouvée
de la poésie de feu des vrais hommes
avant cette verroterie forgée
par des sagouins trop légers
tu es belle comme un ange souriant
de la Renaissance
mon amour ma brûlure
mon sanctuaire dans le chaos
stanozolé de la course au plaisir
à tout prix jusqu'à la mort

Dans l'acide noir de l'analyse
ta verte poitrine m'ensève
deux lunes de feu dans un ciel de sang
j'ai savouré mers et terres de ton corps
son goût de figues et de sable chaud
j'ai dansé dans tes étoiles
accueilli ton palpitement de geais bleus
respiré ton champ d'avoine

au soleil de l'Angélus
est-il besoin d'une autre extase ?

Elvire l'avenir qu'en fais-tu ?
where do you go my love ?
— à l'ouest mon amour à l'ouest
pour la grande fête des morts !

Tu me donnes l'éternel printemps
de tes jardins suspendus
tes sentiers odorants d'orangers
tes saveurs de fruits mûrs et de vin
est-il besoin d'un autre jardin ?

Quand viendra l'heure
de m'incorporer à l'humus des souvenirs
je pourrai dire
l'avenir Elvire l'avenir
c'est ta conque humide et profonde
comme la vraie nuit de Jean de la Croix
nuit qui nous envolve douce
comme le baiser d'une mère
nuit sans vieillards cloîtrés
nuit sans enfants qui naissent
nuit fertile de l'âme pourtant
est-il un autre sacerdoce ?

Parle-moi de la montagne
où le ciel est si vaste
que la terre s'angélise
dis-moi l'émerveillement

du premier cantique d'amour
dans le verger en fleur
avant qu'on pille le jardin
qu'on viole Colombine
qu'on saigne les cygnes
dis-moi la saveur lactée de l'innocence
même si tu mens
surtout si tu mens
il n'y a plus d'avenir Elvire

Rien devant rien derrière
surfer sur les vagues de l'éphémère
tout entier tendu
vers l'enfantement de l'amour
— le seul miracle !
chaque jour renouvelé

Du même auteur, aux éditions La Belle Hélène :

GENS DE LA NUIT

Aux thèmes essentiels de la douleur de vivre, de l'angoisse face au temps qui fuit et de la misère humaine se mêle une quête de *rédemption* dans un climat de dérision, de fête grinçante où parole et silence fusionnent et s'affrontent, où vie et mort valsent à perdre haleine, voluptueusement enlacées.

C'est une poésie *engagée*, comme toute poésie doit l'être, engagée dans l'insolite aventure de la vie, où nous entrons sans préparation, sans guide de survie.

Une poésie, enfin, où le souci de la sonorité, du rythme et de la mesure (au sens musical du terme) importe autant que le choix des mots, auxquels le poète confère l'impossible mission de traquer le sens même de l'existence humaine dans un monde qui semble viser son propre anéantissement.

Éditions « La Belle Hélène »

C.P. 484, Succursale Youville, Montréal, Qc
Canada, H2P 2W1

J'ai pas envie que les feuilles tombent
cette année.
Je voudrais fuir cette triste fatalité
Je voudrais que la chaleur de ma
chair
Puisse faire bouillir le centre de
la terre
Mais la mort viendra et glacera
l'air.
Nous aurons froid toi et moi
Nous nous collerons, nous nous
aimerons
Grâce à nous le printemps
reviendra